The Indie Filmmaker's
Shot List

If Found, Please Return to:

_____

Tel/Cell:

Email:

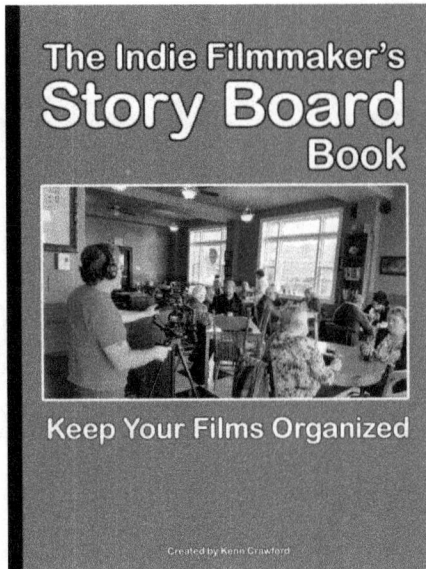

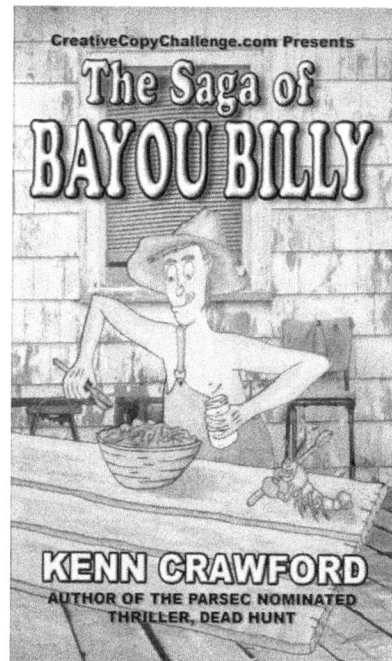

Journals and Activity Books

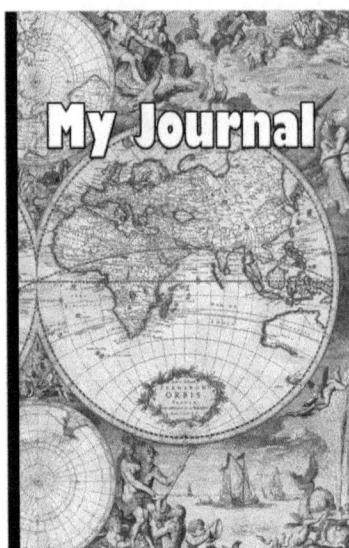

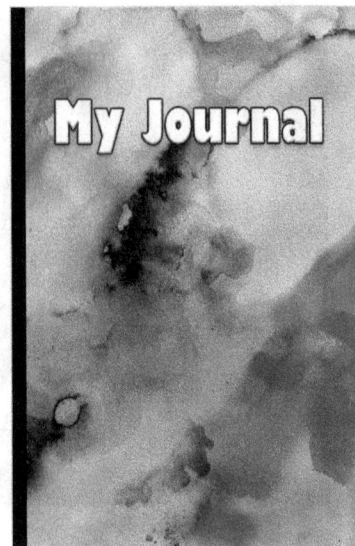

120 and 200-Page Blank-Lined Journals

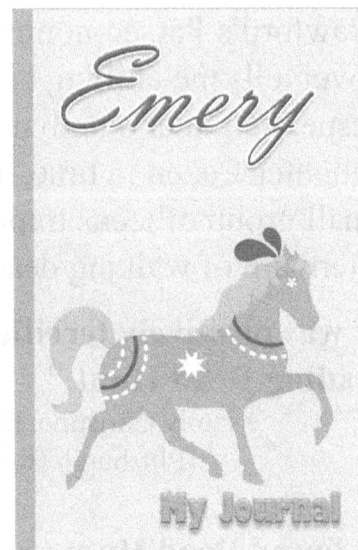

Personalized Children's Journals with Activities

Production Title	Director	Writer	Page

Production Title: **Date:**

Producer: **Director:**

Writer: **Location:**

Scene	Shot		Description	Notes
		INT EXT		
		INT EXT		
		INT EXT		
		INT EXT		
		INT EXT		
		INT EXT		
		INT EXT		
		INT EXT		
		INT EXT		
		INT EXT		
		INT EXT		
		INT EXT		
		INT EXT		
		INT EXT		
		INT EXT		

Production Title: **Date:**

Producer: **Director:**

Writer: **Location:**

Scene	Shot		Description	Notes
		INT EXT		
		INT EXT		
		INT EXT		
		INT EXT		
		INT EXT		
		INT EXT		
		INT EXT		
		INT EXT		
		INT EXT		
		INT EXT		
		INT EXT		
		INT EXT		
		INT EXT		
		INT EXT		
		INT EXT		
		INT EXT		

Production Title: **Date:**

Producer: **Director:**

Writer: **Location:**

Scene	Shot		Description	Notes
		INT EXT		
		INT EXT		
		INT EXT		
		INT EXT		
		INT EXT		
		INT EXT		
		INT EXT		
		INT EXT		
		INT EXT		
		INT EXT		
		INT EXT		
		INT EXT		
		INT EXT		
		INT EXT		
		INT EXT		
		INT EXT		

Production Title: **Date:**

Producer: **Director:**

Writer: **Location:**

Scene	Shot		Description	Notes
		INT EXT		
		INT EXT		
		INT EXT		
		INT EXT		
		INT EXT		
		INT EXT		
		INT EXT		
		INT EXT		
		INT EXT		
		INT EXT		
		INT EXT		
		INT EXT		
		INT EXT		
		INT EXT		
		INT EXT		
		INT EXT		

Production Title: **Date:**

Producer: **Director:**

Writer: **Location:**

Scene	Shot		Description	Notes
		INT EXT		
		INT EXT		
		INT EXT		
		INT EXT		
		INT EXT		
		INT EXT		
		INT EXT		
		INT EXT		
		INT EXT		
		INT EXT		
		INT EXT		
		INT EXT		
		INT EXT		
		INT EXT		

Production Title: **Date:**

Producer: **Director:**

Writer: **Location:**

Scene	Shot		Description	Notes
		INT EXT		
		INT EXT		
		INT EXT		
		INT EXT		
		INT EXT		
		INT EXT		
		INT EXT		
		INT EXT		
		INT EXT		
		INT FXT		
		INT EXT		
		INT EXT		
		INT EXT		
		INT EXT		
		INT EXT		
		INT EXT		

Production Title: **Date:**

Producer: **Director:**

Writer: **Location:**

Scene	Shot		Description	Notes
		INT EXT		
		INT EXT		
		INT EXT		
		INT EXT		
		INT EXT		
		INT EXT		
		INT EXT		
		INT EXT		
		INT EXT		
		INT EXT		
		INT EXT		
		INT EXT		
		INT EXT		
		INT EXT		

Production Title: **Date:**

Producer: **Director:**

Writer: **Location:**

Scene	Shot		Description	Notes
		INT EXT		
		INT EXT		
		INT EXT		
		INT EXT		
		INT EXT		
		INT EXT		
		INT EXT		
		INT EXT		
		INT EXT		
		INT EXT		
		INT EXT		
		INT EXT		
		INT EXT		
		INT EXT		
		INT EXT		

Production Title:				Date:
Producer:				Director:
Writer:				Location:

Scene	Shot		Description	Notes
		INT EXT		
		INT EXT		
		INT EXT		
		INT EXT		
		INT EXT		
		INT EXT		
		INT EXT		
		INT EXT		
		INT EXT		
		INT EXT		
		INT EXT		
		INT EXT		
		INT EXT		
		INT EXT		
		INT EXT		
		INT EXT		

Production Title: **Date:**

Producer: **Director:**

Writer: **Location:**

Scene	Shot		Description	Notes
		INT EXT		
		INT EXT		
		INT EXT		
		INT EXT		
		INT EXT		
		INT EXT		
		INT EXT		
		INT EXT		
		INT EXT		
		INT EXT		
		INT EXT		
		INT EXT		
		INT EXT		
		INT EXT		
		INT EXT		

Production Title: **Date:**

Producer: **Director:**

Writer: **Location:**

Scene	Shot		Description	Notes
		INT EXT		
		INT EXT		
		INT EXT		
		INT EXT		
		INT EXT		
		INT EXT		
		INT EXT		
		INT EXT		
		INT EXT		
		INT EXT		
		INT EXT		
		INT EXT		
		INT EXT		
		INT EXT		
		INT EXT		
		INT EXT		

Production Title: **Date:**

Producer: **Director:**

Writer: **Location:**

Scene	Shot		Description	Notes
		INT EXT		
		INT EXT		
		INT EXT		
		INT EXT		
		INT EXT		
		INT EXT		
		INT EXT		
		INT EXT		
		INT EXT		
		INT EXT		
		INT EXT		
		INT EXT		
		INT EXT		
		INT EXT		
		INT EXT		
		INT EXT		

Production Title: **Date:**

Producer: **Director:**

Writer: **Location:**

Scene	Shot		Description	Notes
		INT EXT		
		INT EXT		
		INT EXT		
		INT EXT		
		INT EXT		
		INT EXT		
		INT EXT		
		INT EXT		
		INT EXT		
		INT EXT		
		INT EXT		
		INT EXT		
		INT EXT		
		INT EXT		
		INT EXT		
		INT EXT		

Production Title: **Date:**

Producer: **Director:**

Writer: **Location:**

Scene	Shot		Description	Notes
		INT EXT		
		INT EXT		
		INT EXT		
		INT EXT		
		INT EXT		
		INT EXT		
		INT EXT		
		INT EXT		
		INT EXT		
		INT EXT		
		INT FXT		
		INT EXT		
		INT EXT		
		INT EXT		
		INT EXT		
		INT EXT		

Production Title:						Date:
Producer:				Director:		
Writer:				Location:		

Scene	Shot	Description		Notes
		INT EXT		
		INT EXT		
		INT EXT		
		INT EXT		
		INT EXT		
		INT EXT		
		INT EXT		
		INT EXT		
		INT EXT		
		INT EXT		
		INT EXT		
		INT EXT		
		INT EXT		
		INT EXT		
		INT EXT		
		INT EXT		

Production Title: **Date:**

Producer: **Director:**

Writer: **Location:**

Scene	Shot		Description	Notes
		INT EXT		
		INT EXT		
		INT EXT		
		INT EXT		
		INT EXT		
		INT EXT		
		INT EXT		
		INT EXT		
		INT EXT		
		INT EXT		
		INT EXT		
		INT EXT		
		INT EXT		
		INT EXT		
		INT EXT		

Production Title: **Date:**

Producer: **Director:**

Writer: **Location:**

Scene	Shot		Description	Notes
		INT EXT		
		INT EXT		
		INT EXT		
		INT EXT		
		INT EXT		
		INT EXT		
		INT EXT		
		INT EXT		
		INT EXT		
		INT EXT		
		INT EXT		
		INT EXT		
		INT EXT		
		INT EXT		
		INT EXT		
		INT EXT		

Production Title: **Date:**

Producer: **Director:**

Writer: **Location:**

Scene	Shot		Description	Notes
		INT EXT		
		INT EXT		
		INT EXT		
		INT EXT		
		INT EXT		
		INT EXT		
		INT EXT		
		INT EXT		
		INT EXT		
		INT EXT		
		INT EXT		
		INT EXT		
		INT EXT		
		INT EXT		
		INT EXT		
		INT EXT		

Production Title: **Date:**

Producer: **Director:**

Writer: **Location:**

Scene	Shot		Description	Notes
		INT EXT		
		INT EXT		
		INT EXT		
		INT EXT		
		INT EXT		
		INT EXT		
		INT EXT		
		INT EXT		
		INT EXT		
		INT EXT		
		INT EXT		
		INT EXT		
		INT EXT		
		INT EXT		
		INT EXT		

Production Title: **Date:**

Producer: **Director:**

Writer: **Location:**

Scene	Shot		Description	Notes
		INT EXT		
		INT EXT		
		INT EXT		
		INT EXT		
		INT EXT		
		INT EXT		
		INT EXT		
		INT EXT		
		INT EXT		
		INT EXT		
		INT EXT		
		INT EXT		
		INT EXT		
		INT EXT		
		INT EXT		
		INT EXT		

Production Title: **Date:**

Producer: **Director:**

Writer: **Location:**

Scene	Shot		Description	Notes
		INT EXT		
		INT EXT		
		INT EXT		
		INT EXT		
		INT EXT		
		INT EXT		
		INT EXT		
		INT EXT		
		INT EXT		
		INT EXT		
		INT EXT		
		INT EXT		
		INT EXT		
		INT EXT		
		INT EXT		

Production Title: **Date:**

Producer: **Director:**

Writer: **Location:**

Scene	Shot		Description	Notes
		INT EXT		
		INT EXT		
		INT EXT		
		INT EXT		
		INT EXT		
		INT EXT		
		INT EXT		
		INT EXT		
		INT EXT		
		INT EXT		
		INT EXT		
		INT EXT		
		INT EXT		
		INT EXT		
		INT EXT		

Production Title: **Date:**

Producer: **Director:**

Writer: **Location:**

Scene	Shot		Description	Notes
		INT EXT		
		INT EXT		
		INT EXT		
		INT EXT		
		INT EXT		
		INT EXT		
		INT EXT		
		INT EXT		
		INT EXT		
		INT EXT		
		INT EXT		
		INT EXT		
		INT EXT		
		INT EXT		
		INT EXT		
		INT EXT		

Production Title: **Date:**

Producer: **Director:**

Writer: **Location:**

Scene	Shot		Description	Notes
		INT EXT		
		INT EXT		
		INT EXT		
		INT EXT		
		INT EXT		
		INT EXT		
		INT EXT		
		INT EXT		
		INT EXT		
		INT EXT		
		INT EXT		
		INT EXT		
		INT EXT		
		INT EXT		

Production Title: **Date:**

Producer: **Director:**

Writer: **Location:**

Scene	Shot		Description	Notes
		INT EXT		
		INT EXT		
		INT EXT		
		INT EXT		
		INT EXT		
		INT EXT		
		INT EXT		
		INT EXT		
		INT EXT		
		INT EXT		
		INT EXT		
		INT EXT		
		INT EXT		
		INT EXT		
		INT EXT		

Production Title: **Date:**

Producer: **Director:**

Writer: **Location:**

Scene	Shot		Description	Notes
		INT EXT		
		INT EXT		
		INT EXT		
		INT EXT		
		INT EXT		
		INT EXT		
		INT EXT		
		INT EXT		
		INT EXT		
		INT EXT		
		INT EXT		
		INT EXT		
		INT EXT		
		INT EXT		
		INT EXT		
		INT EXT		

Production Title: **Date:**

Producer: **Director:**

Writer: **Location:**

Scene	Shot		Description	Notes
		INT EXT		
		INT EXT		
		INT EXT		
		INT EXT		
		INT EXT		
		INT EXT		
		INT EXT		
		INT EXT		
		INT EXT		
		INT EXT		
		INT EXT		
		INT EXT		
		INT EXT		
		INT EXT		
		INT EXT		
		INT EXT		

Production Title: **Date:**

Producer: **Director:**

Writer: **Location:**

Scene	Shot		Description	Notes
		INT EXT		
		INT EXT		
		INT EXT		
		INT EXT		
		INT EXT		
		INT EXT		
		INT EXT		
		INT EXT		
		INT EXT		
		INT EXT		
		INT EXT		
		INT EXT		
		INT EXT		
		INT EXT		
		INT EXT		

Production Title: **Date:**

Producer: **Director:**

Writer: **Location:**

Scene	Shot		Description	Notes
		INT EXT		
		INT EXT		
		INT EXT		
		INT EXT		
		INT EXT		
		INT EXT		
		INT EXT		
		INT EXT		
		INT EXT		
		INT EXT		
		INT EXT		
		INT EXT		
		INT EXT		
		INT EXT		
		INT EXT		
		INT EXT		

Production Title: **Date:**

Producer: **Director:**

Writer: **Location:**

Scene	Shot		Description	Notes
		INT EXT		
		INT EXT		
		INT EXT		
		INT EXT		
		INT EXT		
		INT EXT		
		INT EXT		
		INT EXT		
		INT EXT		
		INT EXT		
		INT EXT		
		INT EXT		
		INT EXT		
		INT EXT		
		INT EXT		

Production Title: **Date:**

Producer: **Director:**

Writer: **Location:**

Scene	Shot		Description	Notes
		INT EXT		
		INT EXT		
		INT EXT		
		INT EXT		
		INT EXT		
		INT EXT		
		INT EXT		
		INT EXT		
		INT EXT		
		INT EXT		
		INT EXT		
		INT EXT		
		INT EXT		
		INT EXT		
		INT EXT		
		INT EXT		

Production Title: **Date:**

Producer: **Director:**

Writer: **Location:**

Scene	Shot		Description	Notes
		INT EXT		
		INT EXT		
		INT EXT		
		INT EXT		
		INT EXT		
		INT EXT		
		INT EXT		
		INT EXT		
		INT EXT		
		INT EXT		
		INT EXT		
		INT EXT		
		INT EXT		
		INT EXT		
		INT EXT		

Production Title: **Date:**

Producer: **Director:**

Writer: **Location:**

Scene	Shot		Description	Notes
		INT EXT		
		INT EXT		
		INT EXT		
		INT EXT		
		INT EXT		
		INT EXT		
		INT EXT		
		INT EXT		
		INT EXT		
		INT EXT		
		INT EXT		
		INT EXT		
		INT EXT		
		INT EXT		

Production Title: **Date:**

Producer: **Director:**

Writer: **Location:**

Scene	Shot		Description	Notes
		INT EXT		
		INT EXT		
		INT EXT		
		INT EXT		
		INT EXT		
		INT EXT		
		INT EXT		
		INT EXT		
		INT EXT		
		INT EXT		
		INT EXT		
		INT EXT		
		INT EXT		
		INT EXT		
		INT EXT		

Production Title: **Date:**

Producer: **Director:**

Writer: **Location:**

Scene	Shot		Description	Notes
		INT EXT		
		INT EXT		
		INT EXT		
		INT EXT		
		INT EXT		
		INT EXT		
		INT EXT		
		INT EXT		
		INT EXT		
		INT EXT		
		INT EXT		
		INT EXT		
		INT EXT		
		INT EXT		

Production Title: **Date:**

Producer: **Director:**

Writer: **Location:**

Scene	Shot		Description	Notes
		INT EXT		
		INT EXT		
		INT EXT		
		INT EXT		
		INT EXT		
		INT EXT		
		INT EXT		
		INT EXT		
		INT EXT		
		INT EXT		
		INT EXT		
		INT EXT		
		INT EXT		
		INT EXT		
		INT EXT		
		INT EXT		

Production Title: **Date:**

Producer: **Director:**

Writer: **Location:**

Scene	Shot		Description	Notes
		INT EXT		
		INT EXT		
		INT EXT		
		INT EXT		
		INT EXT		
		INT EXT		
		INT EXT		
		INT EXT		
		INT EXT		
		INT EXT		
		INT EXT		
		INT EXT		
		INT EXT		
		INT EXT		
		INT EXT		

Production Title: **Date:**

Producer: **Director:**

Writer: **Location:**

Scene	Shot		Description	Notes
		INT EXT		
		INT EXT		
		INT EXT		
		INT EXT		
		INT EXT		
		INT EXT		
		INT EXT		
		INT EXT		
		INT EXT		
		INT EXT		
		INT EXT		
		INT EXT		
		INT EXT		
		INT EXT		
		INT EXT		
		INT EXT		

Production Title: **Date:**

Producer: **Director:**

Writer: **Location:**

Scene	Shot		Description	Notes
		INT EXT		
		INT EXT		
		INT EXT		
		INT EXT		
		INT EXT		
		INT EXT		
		INT EXT		
		INT EXT		
		INT EXT		
		INT EXT		
		INT EXT		
		INT EXT		
		INT EXT		
		INT EXT		
		INT EXT		

Production Title: **Date:**

Producer: **Director:**

Writer: **Location:**

Scene	Shot		Description	Notes
		INT EXT		
		INT EXT		
		INT EXT		
		INT EXT		
		INT EXT		
		INT EXT		
		INT EXT		
		INT EXT		
		INT EXT		
		INT EXT		
		INT EXT		
		INT EXT		
		INT EXT		
		INT EXT		
		INT EXT		

Production Title: **Date:**

Producer: **Director:**

Writer: **Location:**

Scene	Shot		Description	Notes
		INT EXT		
		INT EXT		
		INT EXT		
		INT EXT		
		INT EXT		
		INT EXT		
		INT EXT		
		INT EXT		
		INT EXT		
		INT EXT		
		INT EXT		
		INT EXT		
		INT EXT		
		INT EXT		
		INT EXT		
		INT EXT		

Production Title: **Date:**

Producer: **Director:**

Writer: **Location:**

Scene	Shot		Description	Notes
		INT EXT		
		INT EXT		
		INT EXT		
		INT EXT		
		INT EXT		
		INT EXT		
		INT EXT		
		INT EXT		
		INT EXT		
		INT EXT		
		INT EXT		
		INT EXT		
		INT EXT		
		INT EXT		
		INT EXT		
		INT EXT		

Production Title:				Date:
Producer:				Director:
Writer:				Location:

Scene	Shot		Description	Notes
		INT EXT		
		INT EXT		
		INT EXT		
		INT EXT		
		INT EXT		
		INT EXT		
		INT EXT		
		INT EXT		
		INT EXT		
		INT EXT		
		INT EXT		
		INT EXT		
		INT EXT		
		INT EXT		
		INT EXT		
		INT EXT		

Production Title: **Date:**

Producer: **Director:**

Writer: **Location:**

Scene	Shot		Description	Notes
		INT EXT		
		INT EXT		
		INT EXT		
		INT EXT		
		INT EXT		
		INT EXT		
		INT EXT		
		INT EXT		
		INT EXT		
		INT EXT		
		INT EXT		
		INT EXT		
		INT EXT		
		INT EXT		
		INT EXT		
		INT EXT		

Production Title: **Date:**

Producer: **Director:**

Writer: **Location:**

Scene	Shot		Description	Notes
		INT EXT		
		INT EXT		
		INT EXT		
		INT EXT		
		INT EXT		
		INT EXT		
		INT EXT		
		INT EXT		
		INT EXT		
		INT EXT		
		INT EXT		
		INT EXT		
		INT EXT		
		INT EXT		
		INT EXT		

Production Title: **Date:**

Producer: **Director:**

Writer: **Location:**

Scene	Shot		Description	Notes
		INT EXT		
		INT EXT		
		INT EXT		
		INT EXT		
		INT EXT		
		INT EXT		
		INT EXT		
		INT EXT		
		INT EXT		
		INT EXT		
		INT EXT		
		INT EXT		
		INT EXT		
		INT EXT		
		INT EXT		
		INT EXT		

Production Title: **Date:**

Producer: **Director:**

Writer: **Location:**

Scene	Shot		Description	Notes
		INT EXT		
		INT EXT		
		INT EXT		
		INT EXT		
		INT EXT		
		INT EXT		
		INT EXT		
		INT EXT		
		INT EXT		
		INT EXT		
		INT EXT		
		INT EXT		
		INT EXT		
		INT EXT		
		INT EXT		
		INT EXT		

Production Title: **Date:**

Producer: **Director:**

Writer: **Location:**

Scene	Shot		Description	Notes
		INT EXT		
		INT EXT		
		INT EXT		
		INT EXT		
		INT EXT		
		INT EXT		
		INT EXT		
		INT EXT		
		INT EXT		
		INT EXT		
		INT EXT		
		INT EXT		
		INT EXT		
		INT EXT		

Production Title: **Date:**

Producer: **Director:**

Writer: **Location:**

Scene	Shot		Description	Notes
		INT EXT		
		INT EXT		
		INT EXT		
		INT EXT		
		INT EXT		
		INT EXT		
		INT EXT		
		INT EXT		
		INT EXT		
		INT EXT		
		INT EXT		
		INT EXT		
		INT EXT		
		INT EXT		
		INT EXT		
		INT EXT		

Production Title: **Date:**

Producer: **Director:**

Writer: **Location:**

Scene	Shot		Description	Notes
		INT EXT		
		INT EXT		
		INT EXT		
		INT EXT		
		INT EXT		
		INT EXT		
		INT EXT		
		INT EXT		
		INT EXT		
		INT EXT		
		INT EXT		
		INT EXT		
		INT EXT		
		INT EXT		

Production Title: **Date:**

Producer: **Director:**

Writer: **Location:**

Scene	Shot		Description	Notes
		INT EXT		
		INT EXT		
		INT EXT		
		INT EXT		
		INT EXT		
		INT EXT		
		INT EXT		
		INT EXT		
		INT EXT		
		INT EXT		
		INT EXT		
		INT EXT		
		INT EXT		
		INT EXT		
		INT EXT		
		INT EXT		

Production Title: **Date:**

Producer: **Director:**

Writer: **Location:**

Scene	Shot		Description	Notes
		INT EXT		
		INT EXT		
		INT EXT		
		INT EXT		
		INT EXT		
		INT EXT		
		INT EXT		
		INT EXT		
		INT EXT		
		INT EXT		
		INT EXT		
		INT EXT		
		INT EXT		
		INT EXT		
		INT EXT		
		INT EXT		

Production Title: **Date:**

Producer: **Director:**

Writer: **Location:**

Scene	Shot	Description		Notes
		INT EXT		
		INT EXT		
		INT EXT		
		INT EXT		
		INT EXT		
		INT EXT		
		INT EXT		
		INT EXT		
		INT EXT		
		INT EXT		
		INT EXT		
		INT EXT		
		INT EXT		
		INT EXT		
		INT EXT		
		INT EXT		

Production Title: **Date:**

Producer: **Director:**

Writer: **Location:**

Scene	Shot		Description	Notes
		INT EXT		
		INT EXT		
		INT EXT		
		INT EXT		
		INT EXT		
		INT EXT		
		INT EXT		
		INT EXT		
		INT EXT		
		INT EXT		
		INT EXT		
		INT EXT		
		INT EXT		
		INT EXT		
		INT EXT		
		INT EXT		

Production Title: **Date:**

Producer: **Director:**

Writer: **Location:**

Scene	Shot		Description	Notes
		INT EXT		
		INT EXT		
		INT EXT		
		INT EXT		
		INT EXT		
		INT EXT		
		INT EXT		
		INT EXT		
		INT EXT		
		INT EXT		
		INT EXT		
		INT EXT		
		INT EXT		
		INT EXT		
		INT EXT		
		INT EXT		

Production Title: **Date:**

Producer: **Director:**

Writer: **Location:**

Scene	Shot		Description	Notes
		INT EXT		
		INT EXT		
		INT EXT		
		INT EXT		
		INT EXT		
		INT EXT		
		INT EXT		
		INT EXT		
		INT EXT		
		INT EXT		
		INT EXT		
		INT EXT		
		INT EXT		
		INT EXT		
		INT EXT		
		INT EXT		

Production Title: **Date:**

Producer: **Director:**

Writer: **Location:**

Scene	Shot	Description		Notes
		INT EXT		
		INT EXT		
		INT EXT		
		INT EXT		
		INT EXT		
		INT EXT		
		INT EXT		
		INT EXT		
		INT EXT		
		INT EXT		
		INT EXT		
		INT EXT		
		INT EXT		
		INT EXT		
		INT EXT		

Production Title: **Date:**

Producer: **Director:**

Writer: **Location:**

Scene	Shot		Description	Notes
		INT EXT		
		INT EXT		
		INT EXT		
		INT EXT		
		INT EXT		
		INT EXT		
		INT EXT		
		INT EXT		
		INT EXT		
		INT EXT		
		INT EXT		
		INT EXT		
		INT EXT		
		INT EXT		

Production Title: **Date:**

Producer: **Director:**

Writer: **Location:**

Scene	Shot		Description	Notes
		INT EXT		
		INT EXT		
		INT EXT		
		INT EXT		
		INT EXT		
		INT EXT		
		INT EXT		
		INT EXT		
		INT EXT		
		INT EXT		
		INT EXT		
		INT EXT		
		INT EXT		
		INT EXT		
		INT EXT		

Production Title: **Date:**

Producer: **Director:**

Writer: **Location:**

Scene	Shot		Description	Notes
		INT EXT		
		INT EXT		
		INT EXT		
		INT EXT		
		INT EXT		
		INT EXT		
		INT EXT		
		INT EXT		
		INT EXT		
		INT EXT		
		INT EXT		
		INT EXT		
		INT EXT		
		INT EXT		
		INT EXT		
		INT EXT		

Production Title: **Date:**

Producer: **Director:**

Writer: **Location:**

Scene	Shot		Description	Notes
		INT EXT		
		INT EXT		
		INT EXT		
		INT EXT		
		INT EXT		
		INT EXT		
		INT EXT		
		INT EXT		
		INT EXT		
		INT EXT		
		INT EXT		
		INT EXT		
		INT EXT		
		INT EXT		
		INT EXT		
		INT EXT		

Production Title: **Date:**

Producer: **Director:**

Writer: **Location:**

Scene	Shot		Description	Notes
		INT EXT		
		INT EXT		
		INT EXT		
		INT EXT		
		INT EXT		
		INT EXT		
		INT EXT		
		INT EXT		
		INT EXT		
		INT EXT		
		INT EXT		
		INT EXT		
		INT EXT		
		INT EXT		

Production Title: **Date:**

Producer: **Director:**

Writer: **Location:**

Scene	Shot		Description	Notes
		INT EXT		
		INT EXT		
		INT EXT		
		INT EXT		
		INT EXT		
		INT EXT		
		INT EXT		
		INT EXT		
		INT EXT		
		INT EXT		
		INT EXT		
		INT EXT		
		INT EXT		
		INT EXT		
		INT EXT		
		INT EXT		

Production Title: | | **Date:**

Producer: | **Director:**

Writer: | **Location:**

Scene	Shot		Description	Notes
		INT EXT		
		INT EXT		
		INT EXT		
		INT EXT		
		INT EXT		
		INT EXT		
		INT EXT		
		INT EXT		
		INT EXT		
		INT EXT		
		INT EXT		
		INT EXT		
		INT EXT		
		INT EXT		

Production Title: **Date:**

Producer: **Director:**

Writer: **Location:**

Scene	Shot		Description	Notes
		INT EXT		
		INT EXT		
		INT EXT		
		INT EXT		
		INT EXT		
		INT EXT		
		INT EXT		
		INT EXT		
		INT EXT		
		INT EXT		
		INT EXT		
		INT EXT		
		INT EXT		
		INT EXT		
		INT EXT		

Production Title: **Date:**

Producer: **Director:**

Writer: **Location:**

Scene	Shot		Description	Notes
		INT EXT		
		INT EXT		
		INT EXT		
		INT EXT		
		INT EXT		
		INT EXT		
		INT EXT		
		INT EXT		
		INT EXT		
		INT EXT		
		INT EXT		
		INT EXT		
		INT EXT		
		INT EXT		
		INT EXT		
		INT EXT		

Production Title:				Date:
Producer:			Director:	
Writer:			Location:	

Scene	Shot		Description	Notes
		INT EXT		
		INT EXT		
		INT EXT		
		INT EXT		
		INT EXT		
		INT EXT		
		INT EXT		
		INT EXT		
		INT EXT		
		INT EXT		
		INT EXT		
		INT EXT		
		INT EXT		
		INT EXT		
		INT EXT		
		INT EXT		

Production Title: **Date:**

Producer: **Director:**

Writer: **Location:**

Scene	Shot		Description	Notes
		INT EXT		
		INT EXT		
		INT EXT		
		INT EXT		
		INT EXT		
		INT EXT		
		INT EXT		
		INT EXT		
		INT EXT		
		INT EXT		
		INT EXT		
		INT EXT		
		INT EXT		
		INT EXT		

Production Title: **Date:**

Producer: **Director:**

Writer: **Location:**

Scene	Shot		Description	Notes
		INT EXT		
		INT EXT		
		INT EXT		
		INT EXT		
		INT EXT		
		INT EXT		
		INT EXT		
		INT EXT		
		INT EXT		
		INT EXT		
		INT EXT		
		INT EXT		
		INT EXT		
		INT EXT		
		INT EXT		
		INT EXT		

Production Title:　　　　　　　　　　　　　　　**Date:**

Producer:　　　　　　　　　　**Director:**

Writer:　　　　　　　　　　　**Location:**

Scene	Shot		Description	Notes
		INT EXT		
		INT EXT		
		INT EXT		
		INT EXT		
		INT EXT		
		INT EXT		
		INT EXT		
		INT EXT		
		INT EXT		
		INT EXT		
		INT EXT		
		INT EXT		
		INT EXT		
		INT EXT		
		INT EXT		
		INT EXT		

Production Title: **Date:**

Producer: **Director:**

Writer: **Location:**

Scene	Shot		Description	Notes
		INT EXT		
		INT EXT		
		INT EXT		
		INT EXT		
		INT EXT		
		INT EXT		
		INT EXT		
		INT EXT		
		INT EXT		
		INT EXT		
		INT EXT		
		INT EXT		
		INT EXT		
		INT EXT		
		INT EXT		

Production Title: **Date:**

Producer: **Director:**

Writer: **Location:**

Scene	Shot		Description	Notes
		INT EXT		
		INT EXT		
		INT EXT		
		INT EXT		
		INT EXT		
		INT EXT		
		INT EXT		
		INT EXT		
		INT EXT		
		INT EXT		
		INT EXT		
		INT EXT		
		INT EXT		
		INT EXT		
		INT EXT		
		INT EXT		

Production Title: **Date:**

Producer: **Director:**

Writer: **Location:**

Scene	Shot		Description	Notes
		INT EXT		
		INT EXT		
		INT EXT		
		INT EXT		
		INT EXT		
		INT EXT		
		INT EXT		
		INT EXT		
		INT EXT		
		INT EXT		
		INT EXT		
		INT EXT		
		INT EXT		
		INT EXT		
		INT EXT		
		INT EXT		

Production Title:				Date:
Producer:				Director:
Writer:				Location:

Scene	Shot		Description	Notes
		INT EXT		
		INT EXT		
		INT EXT		
		INT EXT		
		INT EXT		
		INT EXT		
		INT EXT		
		INT EXT		
		INT EXT		
		INT EXT		
		INT EXT		
		INT EXT		
		INT EXT		
		INT EXT		
		INT EXT		
		INT EXT		

Production Title: **Date:**

Producer: **Director:**

Writer: **Location:**

Scene	Shot		Description	Notes
		INT EXT		
		INT EXT		
		INT EXT		
		INT EXT		
		INT EXT		
		INT EXT		
		INT EXT		
		INT EXT		
		INT EXT		
		INT EXT		
		INT EXT		
		INT EXT		
		INT EXT		
		INT EXT		
		INT EXT		
		INT EXT		

Production Title: **Date:**

Producer: **Director:**

Writer: **Location:**

Scene	Shot		Description	Notes
		INT EXT		
		INT EXT		
		INT EXT		
		INT EXT		
		INT EXT		
		INT EXT		
		INT EXT		
		INT EXT		
		INT EXT		
		INT EXT		
		INT EXT		
		INT EXT		
		INT EXT		
		INT EXT		

Production Title: **Date:**

Producer: **Director:**

Writer: **Location:**

Scene	Shot		Description	Notes
		INT EXT		
		INT EXT		
		INT EXT		
		INT EXT		
		INT EXT		
		INT EXT		
		INT EXT		
		INT EXT		
		INT EXT		
		INT EXT		
		INT EXT		
		INT EXT		
		INT EXT		
		INT EXT		
		INT EXT		
		INT EXT		

Production Title: **Date:**

Producer: **Director:**

Writer: **Location:**

Scene	Shot		Description	Notes
		INT EXT		
		INT EXT		
		INT EXT		
		INT EXT		
		INT EXT		
		INT EXT		
		INT EXT		
		INT EXT		
		INT EXT		
		INT EXT		
		INT EXT		
		INT EXT		
		INT EXT		
		INT EXT		

Production Title: **Date:**

Producer: **Director:**

Writer: **Location:**

Scene	Shot		Description	Notes
		INT EXT		
		INT EXT		
		INT EXT		
		INT EXT		
		INT EXT		
		INT EXT		
		INT EXT		
		INT EXT		
		INT EXT		
		INT EXT		
		INT EXT		
		INT EXT		
		INT EXT		
		INT EXT		
		INT EXT		

Production Title: **Date:**

Producer: **Director:**

Writer: **Location:**

Scene	Shot		Description	Notes
		INT EXT		
		INT EXT		
		INT EXT		
		INT EXT		
		INT EXT		
		INT EXT		
		INT EXT		
		INT EXT		
		INT EXT		
		INT EXT		
		INT EXT		
		INT EXT		
		INT EXT		
		INT EXT		

Production Title: **Date:**

Producer: **Director:**

Writer: **Location:**

Scene	Shot		Description	Notes
		INT EXT		
		INT EXT		
		INT EXT		
		INT EXT		
		INT EXT		
		INT EXT		
		INT EXT		
		INT EXT		
		INT EXT		
		INT EXT		
		INT EXT		
		INT EXT		
		INT EXT		
		INT EXT		
		INT EXT		
		INT EXT		

Production Title: **Date:**

Producer: **Director:**

Writer: **Location:**

Scene	Shot		Description	Notes
		INT EXT		
		INT EXT		
		INT EXT		
		INT EXT		
		INT EXT		
		INT EXT		
		INT EXT		
		INT EXT		
		INT EXT		
		INT EXT		
		INT EXT		
		INT EXT		
		INT EXT		
		INT EXT		

Production Title: **Date:**

Producer: **Director:**

Writer: **Location:**

Scene	Shot		Description	Notes
		INT EXT		
		INT EXT		
		INT EXT		
		INT EXT		
		INT EXT		
		INT EXT		
		INT EXT		
		INT EXT		
		INT EXT		
		INT EXT		
		INT EXT		
		INT EXT		
		INT EXT		
		INT EXT		
		INT EXT		
		INT EXT		

Production Title: **Date:**

Producer: **Director:**

Writer: **Location:**

Scene	Shot		Description	Notes
		INT EXT		
		INT EXT		
		INT EXT		
		INT EXT		
		INT EXT		
		INT EXT		
		INT EXT		
		INT EXT		
		INT EXT		
		INT EXT		
		INT EXT		
		INT EXT		
		INT EXT		
		INT EXT		
		INT EXT		

Production Title: **Date:**

Producer: **Director:**

Writer: **Location:**

Scene	Shot		Description	Notes
		INT EXT		
		INT EXT		
		INT EXT		
		INT EXT		
		INT EXT		
		INT EXT		
		INT EXT		
		INT EXT		
		INT EXT		
		INT EXT		
		INT EXT		
		INT EXT		
		INT EXT		
		INT EXT		
		INT EXT		
		INT EXT		

Production Title: **Date:**

Producer: **Director:**

Writer: **Location:**

Scene	Shot		Description	Notes
		INT EXT		
		INT EXT		
		INT EXT		
		INT EXT		
		INT EXT		
		INT EXT		
		INT EXT		
		INT EXT		
		INT EXT		
		INT EXT		
		INT EXT		
		INT EXT		
		INT EXT		
		INT EXT		
		INT EXT		
		INT EXT		

Production Title:				Date:
Producer:			Director:	
Writer:			Location:	

Scene	Shot		Description	Notes
		INT EXT		
		INT EXT		
		INT EXT		
		INT EXT		
		INT EXT		
		INT EXT		
		INT EXT		
		INT EXT		
		INT EXT		
		INT EXT		
		INT EXT		
		INT EXT		
		INT EXT		
		INT EXT		
		INT EXT		
		INT EXT		

Production Title: **Date:**

Producer: **Director:**

Writer: **Location:**

Scene	Shot		Description	Notes
		INT EXT		
		INT EXT		
		INT EXT		
		INT EXT		
		INT EXT		
		INT EXT		
		INT EXT		
		INT EXT		
		INT EXT		
		INT EXT		
		INT EXT		
		INT EXT		
		INT EXT		
		INT EXT		
		INT EXT		

Production Title: **Date:**

Producer: **Director:**

Writer: **Location:**

Scene	Shot		Description	Notes
		INT EXT		
		INT EXT		
		INT EXT		
		INT EXT		
		INT EXT		
		INT EXT		
		INT EXT		
		INT EXT		
		INT EXT		
		INT EXT		
		INT EXT		
		INT EXT		
		INT EXT		
		INT EXT		
		INT EXT		
		INT EXT		

Production Title: **Date:**

Producer: **Director:**

Writer: **Location:**

Scene	Shot		Description	Notes
		INT EXT		
		INT EXT		
		INT EXT		
		INT EXT		
		INT EXT		
		INT EXT		
		INT EXT		
		INT EXT		
		INT EXT		
		INT EXT		
		INT EXT		
		INT EXT		
		INT EXT		
		INT EXT		
		INT EXT		
		INT EXT		

Production Title: **Date:**

Producer: **Director:**

Writer: **Location:**

Scene	Shot		Description	Notes
		INT EXT		
		INT EXT		
		INT EXT		
		INT EXT		
		INT EXT		
		INT EXT		
		INT EXT		
		INT EXT		
		INT EXT		
		INT EXT		
		INT EXT		
		INT EXT		
		INT EXT		
		INT EXT		
		INT EXT		
		INT EXT		

Production Title: **Date:**

Producer: **Director:**

Writer: **Location:**

Scene	Shot		Description	Notes
		INT EXT		
		INT EXT		
		INT EXT		
		INT EXT		
		INT EXT		
		INT EXT		
		INT EXT		
		INT EXT		
		INT EXT		
		INT EXT		
		INT EXT		
		INT EXT		
		INT EXT		
		INT EXT		
		INT EXT		

Production Title:				Date:
Producer:		Director:		
Writer:		Location:		

Scene	Shot		Description	Notes
		INT EXT		
		INT EXT		
		INT EXT		
		INT EXT		
		INT EXT		
		INT EXT		
		INT EXT		
		INT EXT		
		INT EXT		
		INT EXT		
		INT EXT		
		INT EXT		
		INT EXT		
		INT EXT		
		INT EXT		
		INT EXT		

Production Title: **Date:**

Producer: **Director:**

Writer: **Location:**

Scene	Shot		Description	Notes
		INT EXT		
		INT EXT		
		INT EXT		
		INT EXT		
		INT EXT		
		INT EXT		
		INT EXT		
		INT EXT		
		INT EXT		
		INT EXT		
		INT EXT		
		INT EXT		
		INT EXT		
		INT EXT		
		INT EXT		

Production Title:			Date:
Producer:		Director:	
Writer:		Location:	

Scene	Shot		Description	Notes
		INT EXT		
		INT EXT		
		INT EXT		
		INT EXT		
		INT EXT		
		INT EXT		
		INT EXT		
		INT EXT		
		INT EXT		
		INT EXT		
		INT EXT		
		INT EXT		
		INT EXT		
		INT EXT		
		INT EXT		
		INT EXT		

Production Title: **Date:**

Producer: **Director:**

Writer: **Location:**

Scene	Shot		Description	Notes
		INT EXT		
		INT EXT		
		INT EXT		
		INT EXT		
		INT EXT		
		INT EXT		
		INT EXT		
		INT EXT		
		INT EXT		
		INT EXT		
		INT EXT		
		INT EXT		
		INT EXT		
		INT EXT		
		INT EXT		

Production Title:				Date:	
Producer:			Director:		
Writer:			Location:		

Scene	Shot		Description		Notes
		INT EXT			
		INT EXT			
		INT EXT			
		INT EXT			
		INT EXT			
		INT EXT			
		INT EXT			
		INT EXT			
		INT EXT			
		INT EXT			
		INT EXT			
		INT EXT			
		INT EXT			
		INT EXT			
		INT EXT			
		INT EXT			

Production Title: **Date:**

Producer: **Director:**

Writer: **Location:**

Scene	Shot		Description	Notes
		INT EXT		
		INT EXT		
		INT EXT		
		INT EXT		
		INT EXT		
		INT EXT		
		INT EXT		
		INT EXT		
		INT EXT		
		INT EXT		
		INT EXT		
		INT EXT		
		INT EXT		
		INT EXT		
		INT EXT		
		INT EXT		

Production Title: **Date:**

Producer: **Director:**

Writer: **Location:**

Scene	Shot		Description	Notes
		INT EXT		
		INT EXT		
		INT EXT		
		INT EXT		
		INT EXT		
		INT EXT		
		INT EXT		
		INT EXT		
		INT EXT		
		INT EXT		
		INT EXT		
		INT EXT		
		INT EXT		
		INT EXT		
		INT EXT		
		INT EXT		

Production Title: **Date:**

Producer: **Director:**

Writer: **Location:**

Scene	Shot		Description	Notes
		INT EXT		
		INT EXT		
		INT EXT		
		INT EXT		
		INT EXT		
		INT EXT		
		INT EXT		
		INT EXT		
		INT EXT		
		INT EXT		
		INT EXT		
		INT EXT		
		INT EXT		
		INT EXT		
		INT EXT		
		INT EXT		

Production Title: **Date:**

Producer: **Director:**

Writer: **Location:**

Scene	Shot		Description	Notes
		INT EXT		
		INT EXT		
		INT EXT		
		INT EXT		
		INT EXT		
		INT EXT		
		INT EXT		
		INT EXT		
		INT EXT		
		INT EXT		
		INT EXT		
		INT EXT		
		INT EXT		
		INT EXT		
		INT EXT		
		INT EXT		

Production Title: **Date:**

Producer: **Director:**

Writer: **Location:**

Scene	Shot		Description	Notes
		INT EXT		
		INT EXT		
		INT EXT		
		INT EXT		
		INT EXT		
		INT EXT		
		INT EXT		
		INT EXT		
		INT EXT		
		INT EXT		
		INT EXT		
		INT EXT		
		INT EXT		
		INT EXT		
		INT EXT		
		INT EXT		

Production Title: **Date:**

Producer: **Director:**

Writer: **Location:**

Scene	Shot		Description	Notes
		INT EXT		
		INT EXT		
		INT EXT		
		INT EXT		
		INT EXT		
		INT EXT		
		INT EXT		
		INT EXT		
		INT EXT		
		INT EXT		
		INT EXT		
		INT EXT		
		INT EXT		
		INT EXT		
		INT EXT		
		INT EXT		

Production Title: **Date:**

Producer: **Director:**

Writer: **Location:**

Scene	Shot		Description	Notes
		INT EXT		
		INT EXT		
		INT EXT		
		INT EXT		
		INT EXT		
		INT EXT		
		INT EXT		
		INT EXT		
		INT EXT		
		INT EXT		
		INT EXT		
		INT EXT		
		INT EXT		
		INT EXT		
		INT EXT		
		INT EXT		

Production Title: **Date:**

Producer: **Director:**

Writer: **Location:**

Scene	Shot		Description	Notes
		INT EXT		
		INT EXT		
		INT EXT		
		INT EXT		
		INT EXT		
		INT EXT		
		INT EXT		
		INT EXT		
		INT EXT		
		INT EXT		
		INT EXT		
		INT EXT		
		INT EXT		
		INT EXT		
		INT EXT		
		INT EXT		

Production Title: **Date:**

Producer: **Director:**

Writer: **Location:**

Scene	Shot		Description	Notes
		INT EXT		
		INT EXT		
		INT EXT		
		INT EXT		
		INT EXT		
		INT EXT		
		INT EXT		
		INT EXT		
		INT EXT		
		INT EXT		
		INT EXT		
		INT EXT		
		INT EXT		
		INT EXT		

Production Title: **Date:**

Producer: **Director:**

Writer: **Location:**

Scene	Shot		Description	Notes
		INT EXT		
		INT EXT		
		INT EXT		
		INT EXT		
		INT EXT		
		INT EXT		
		INT EXT		
		INT EXT		
		INT EXT		
		INT EXT		
		INT EXT		
		INT EXT		
		INT EXT		
		INT EXT		
		INT EXT		
		INT EXT		

Production Title: **Date:**

Producer: **Director:**

Writer: **Location:**

Scene	Shot		Description	Notes
		INT EXT		
		INT EXT		
		INT EXT		
		INT EXT		
		INT EXT		
		INT EXT		
		INT EXT		
		INT EXT		
		INT EXT		
		INT EXT		
		INT EXT		
		INT EXT		
		INT EXT		
		INT EXT		
		INT EXT		

Production Title: **Date:**

Producer: **Director:**

Writer: **Location:**

Scene	Shot		Description	Notes
		INT EXT		
		INT EXT		
		INT EXT		
		INT EXT		
		INT EXT		
		INT EXT		
		INT EXT		
		INT EXT		
		INT EXT		
		INT EXT		
		INT EXT		
		INT EXT		
		INT EXT		
		INT EXT		
		INT EXT		
		INT EXT		

Production Title: **Date:**

Producer: **Director:**

Writer: **Location:**

Scene	Shot		Description	Notes
		INT EXT		
		INT EXT		
		INT EXT		
		INT EXT		
		INT EXT		
		INT EXT		
		INT EXT		
		INT EXT		
		INT EXT		
		INT EXT		
		INT EXT		
		INT EXT		
		INT EXT		
		INT EXT		
		INT EXT		
		INT EXT		

Production Title: **Date:**

Producer: **Director:**

Writer: **Location:**

Scene	Shot		Description	Notes
		INT EXT		
		INT EXT		
		INT EXT		
		INT EXT		
		INT EXT		
		INT EXT		
		INT EXT		
		INT EXT		
		INT EXT		
		INT EXT		
		INT EXT		
		INT EXT		
		INT EXT		
		INT EXT		
		INT EXT		
		INT EXT		

Production Title: **Date:**

Producer: **Director:**

Writer: **Location:**

Scene	Shot		Description	Notes
		INT EXT		
		INT EXT		
		INT EXT		
		INT EXT		
		INT EXT		
		INT EXT		
		INT EXT		
		INT EXT		
		INT EXT		
		INT EXT		
		INT EXT		
		INT EXT		
		INT EXT		
		INT EXT		
		INT EXT		
		INT EXT		

Production Title:				Date:
Producer:			Director:	
Writer:			Location:	

Scene	Shot		Description	Notes
		INT EXT		
		INT EXT		
		INT EXT		
		INT EXT		
		INT EXT		
		INT EXT		
		INT EXT		
		INT EXT		
		INT EXT		
		INT EXT		
		INT EXT		
		INT EXT		
		INT EXT		
		INT EXT		
		INT EXT		
		INT EXT		

Production Title: **Date:**

Producer: **Director:**

Writer: **Location:**

Scene	Shot		Description	Notes
		INT EXT		
		INT EXT		
		INT EXT		
		INT EXT		
		INT EXT		
		INT EXT		
		INT EXT		
		INT EXT		
		INT EXT		
		INT EXT		
		INT EXT		
		INT EXT		
		INT EXT		
		INT EXT		
		INT EXT		
		INT EXT		

Production Title: **Date:**

Producer: **Director:**

Writer: **Location:**

Scene	Shot		Description	Notes
		INT EXT		
		INT EXT		
		INT EXT		
		INT EXT		
		INT EXT		
		INT EXT		
		INT EXT		
		INT EXT		
		INT EXT		
		INT EXT		
		INT EXT		
		INT EXT		
		INT EXT		
		INT EXT		
		INT EXT		

Production Title: **Date:**

Producer: **Director:**

Writer: **Location:**

Scene	Shot		Description	Notes
		INT EXT		
		INT EXT		
		INT EXT		
		INT EXT		
		INT EXT		
		INT EXT		
		INT EXT		
		INT EXT		
		INT EXT		
		INT EXT		
		INT EXT		
		INT EXT		
		INT EXT		
		INT EXT		
		INT EXT		

Production Title: **Date:**

Producer: **Director:**

Writer: **Location:**

Scene	Shot		Description	Notes
		INT EXT		
		INT EXT		
		INT EXT		
		INT EXT		
		INT EXT		
		INT EXT		
		INT EXT		
		INT EXT		
		INT EXT		
		INT EXT		
		INT EXT		
		INT EXT		
		INT EXT		
		INT EXT		
		INT EXT		

Production Title:				Date:
Producer:			Director:	
Writer:			Location:	

Scene	Shot		Description	Notes
		INT EXT		
		INT EXT		
		INT EXT		
		INT EXT		
		INT EXT		
		INT EXT		
		INT EXT		
		INT EXT		
		INT EXT		
		INT EXT		
		INT EXT		
		INT EXT		
		INT EXT		
		INT EXT		
		INT EXT		

Production Title: **Date:**

Producer: **Director:**

Writer: **Location:**

Scene	Shot		Description	Notes
		INT EXT		
		INT EXT		
		INT EXT		
		INT EXT		
		INT EXT		
		INT EXT		
		INT EXT		
		INT EXT		
		INT EXT		
		INT EXT		
		INT EXT		
		INT EXT		
		INT EXT		
		INT EXT		
		INT EXT		
		INT EXT		

Production Title: **Date:**

Producer: **Director:**

Writer: **Location:**

Scene	Shot		Description	Notes
		INT EXT		
		INT EXT		
		INT EXT		
		INT EXT		
		INT EXT		
		INT EXT		
		INT EXT		
		INT EXT		
		INT EXT		
		INT EXT		
		INT EXT		
		INT EXT		
		INT EXT		
		INT EXT		

Production Title: **Date:**

Producer: **Director:**

Writer: **Location:**

Scene	Shot		Description	Notes
		INT EXT		
		INT EXT		
		INT EXT		
		INT EXT		
		INT EXT		
		INT EXT		
		INT EXT		
		INT EXT		
		INT EXT		
		INT EXT		
		INT EXT		
		INT EXT		
		INT EXT		
		INT EXT		
		INT EXT		
		INT EXT		

Production Title: **Date:**

Producer: **Director:**

Writer: **Location:**

Scene	Shot		Description	Notes
		INT EXT		
		INT EXT		
		INT EXT		
		INT EXT		
		INT EXT		
		INT EXT		
		INT EXT		
		INT EXT		
		INT EXT		
		INT EXT		
		INT EXT		
		INT EXT		
		INT EXT		
		INT EXT		
		INT EXT		
		INT EXT		

Production Title: **Date:**

Producer: **Director:**

Writer: **Location:**

Scene	Shot		Description	Notes
		INT EXT		
		INT EXT		
		INT EXT		
		INT EXT		
		INT EXT		
		INT EXT		
		INT EXT		
		INT EXT		
		INT EXT		
		INT EXT		
		INT EXT		
		INT EXT		
		INT EXT		
		INT EXT		
		INT EXT		

Production Title: **Date:**

Producer: **Director:**

Writer: **Location:**

Scene	Shot		Description	Notes
		INT EXT		
		INT EXT		
		INT EXT		
		INT EXT		
		INT EXT		
		INT EXT		
		INT EXT		
		INT EXT		
		INT EXT		
		INT EXT		
		INT EXT		
		INT EXT		
		INT EXT		
		INT EXT		
		INT EXT		
		INT EXT		

Production Title: **Date:**

Producer: **Director:**

Writer: **Location:**

Scene	Shot		Description	Notes
		INT EXT		
		INT EXT		
		INT EXT		
		INT EXT		
		INT EXT		
		INT EXT		
		INT EXT		
		INT EXT		
		INT EXT		
		INT EXT		
		INT EXT		
		INT EXT		
		INT EXT		
		INT EXT		
		INT EXT		
		INT EXT		

Production Title: **Date:**

Producer: **Director:**

Writer: **Location:**

Scene	Shot		Description	Notes
		INT EXT		
		INT EXT		
		INT EXT		
		INT EXT		
		INT EXT		
		INT EXT		
		INT EXT		
		INT EXT		
		INT EXT		
		INT EXT		
		INT EXT		
		INT EXT		
		INT EXT		
		INT EXT		

Production Title: **Date:**

Producer: **Director:**

Writer: **Location:**

Scene	Shot		Description	Notes
		INT EXT		
		INT EXT		
		INT EXT		
		INT EXT		
		INT EXT		
		INT EXT		
		INT EXT		
		INT EXT		
		INT EXT		
		INT EXT		
		INT EXT		
		INT EXT		
		INT EXT		
		INT EXT		
		INT EXT		
		INT EXT		

Production Title: **Date:**

Producer: **Director:**

Writer: **Location:**

Scene	Shot		Description	Notes
		INT EXT		
		INT EXT		
		INT EXT		
		INT EXT		
		INT EXT		
		INT EXT		
		INT EXT		
		INT EXT		
		INT EXT		
		INT EXT		
		INT EXT		
		INT EXT		
		INT EXT		
		INT EXT		
		INT EXT		

Production Title: **Date:**

Producer: **Director:**

Writer: **Location:**

Scene	Shot		Description	Notes
		INT EXT		
		INT EXT		
		INT EXT		
		INT EXT		
		INT EXT		
		INT EXT		
		INT EXT		
		INT EXT		
		INT EXT		
		INT EXT		
		INT EXT		
		INT EXT		
		INT EXT		
		INT EXT		
		INT EXT		

Production Title: **Date:**

Producer: **Director:**

Writer: **Location:**

Scene	Shot		Description	Notes
		INT EXT		
		INT EXT		
		INT EXT		
		INT EXT		
		INT EXT		
		INT EXT		
		INT EXT		
		INT EXT		
		INT EXT		
		INT EXT		
		INT EXT		
		INT EXT		
		INT EXT		
		INT EXT		
		INT EXT		
		INT EXT		

Production Title: **Date:**

Producer: **Director:**

Writer: **Location:**

Scene	Shot		Description	Notes
		INT EXT		
		INT EXT		
		INT EXT		
		INT EXT		
		INT EXT		
		INT EXT		
		INT EXT		
		INT EXT		
		INT EXT		
		INT EXT		
		INT EXT		
		INT EXT		
		INT EXT		
		INT EXT		
		INT EXT		

Production Title: **Date:**

Producer: **Director:**

Writer: **Location:**

Scene	Shot		Description	Notes
		INT EXT		
		INT EXT		
		INT EXT		
		INT EXT		
		INT EXT		
		INT EXT		
		INT EXT		
		INT EXT		
		INT EXT		
		INT EXT		
		INT EXT		
		INT EXT		
		INT EXT		
		INT EXT		
		INT EXT		
		INT EXT		

Production Title: **Date:**

Producer: **Director:**

Writer: **Location:**

Scene	Shot		Description	Notes
		INT EXT		
		INT EXT		
		INT EXT		
		INT EXT		
		INT EXT		
		INT EXT		
		INT EXT		
		INT EXT		
		INT EXT		
		INT EXT		
		INT EXT		
		INT EXT		
		INT EXT		
		INT EXT		
		INT EXT		
		INT EXT		

Production Title:				Date:
Producer:			Director:	
Writer:			Location:	

Scene	Shot		Description	Notes
		INT EXT		
		INT EXT		
		INT EXT		
		INT EXT		
		INT EXT		
		INT EXT		
		INT EXT		
		INT EXT		
		INT EXT		
		INT EXT		
		INT EXT		
		INT EXT		
		INT EXT		
		INT EXT		
		INT EXT		
		INT EXT		

Production Title:				Date:
Producer:				Director:
Writer:				Location:

Scene	Shot		Description	Notes
		INT EXT		
		INT EXT		
		INT EXT		
		INT EXT		
		INT EXT		
		INT EXT		
		INT EXT		
		INT EXT		
		INT EXT		
		INT EXT		
		INT EXT		
		INT EXT		
		INT EXT		
		INT EXT		
		INT EXT		
		INT EXT		

Production Title: **Date:**

Producer: **Director:**

Writer: **Location:**

Scene	Shot		Description	Notes
		INT EXT		
		INT EXT		
		INT EXT		
		INT EXT		
		INT EXT		
		INT EXT		
		INT EXT		
		INT EXT		
		INT EXT		
		INT EXT		
		INT EXT		
		INT EXT		
		INT EXT		
		INT EXT		
		INT EXT		
		INT EXT		

Production Title: **Date:**

Producer: **Director:**

Writer: **Location:**

Scene	Shot		Description	Notes
		INT EXT		
		INT EXT		
		INT EXT		
		INT EXT		
		INT EXT		
		INT EXT		
		INT EXT		
		INT EXT		
		INT EXT		
		INT EXT		
		INT EXT		
		INT EXT		
		INT EXT		
		INT EXT		
		INT EXT		
		INT EXT		

Production Title: **Date:**

Producer: **Director:**

Writer: **Location:**

Scene	Shot		Description	Notes
		INT EXT		
		INT EXT		
		INT EXT		
		INT EXT		
		INT EXT		
		INT EXT		
		INT EXT		
		INT EXT		
		INT EXT		
		INT EXT		
		INT EXT		
		INT EXT		
		INT EXT		
		INT EXT		
		INT EXT		
		INT EXT		

Production Title:				Date:
Producer:				Director:
Writer:				Location:

Scene	Shot		Description	Notes
		INT EXT		
		INT EXT		
		INT EXT		
		INT EXT		
		INT EXT		
		INT EXT		
		INT EXT		
		INT EXT		
		INT EXT		
		INT EXT		
		INT EXT		
		INT EXT		
		INT EXT		
		INT EXT		

Production Title: **Date:**

Producer: **Director:**

Writer: **Location:**

Scene	Shot		Description	Notes
		INT EXT		
		INT EXT		
		INT EXT		
		INT EXT		
		INT EXT		
		INT EXT		
		INT EXT		
		INT EXT		
		INT EXT		
		INT EXT		
		INT EXT		
		INT EXT		
		INT EXT		
		INT EXT		
		INT EXT		
		INT EXT		

Production Title: **Date:**

Producer: **Director:**

Writer: **Location:**

Scene	Shot		Description	Notes
		INT EXT		
		INT EXT		
		INT EXT		
		INT EXT		
		INT EXT		
		INT EXT		
		INT EXT		
		INT EXT		
		INT EXT		
		INT EXT		
		INT EXT		
		INT EXT		
		INT EXT		
		INT EXT		
		INT EXT		
		INT EXT		

Production Title: **Date:**

Producer: **Director:**

Writer: **Location:**

Scene	Shot		Description	Notes
		INT EXT		
		INT EXT		
		INT EXT		
		INT EXT		
		INT EXT		
		INT EXT		
		INT EXT		
		INT EXT		
		INT EXT		
		INT EXT		
		INT EXT		
		INT EXT		
		INT EXT		
		INT EXT		
		INT EXT		

| Production Title: | | | | | Date: | |

| Producer: | | | | Director: | |

| Writer: | | | | Location: | |

Scene	Shot		Description	Notes
		INT EXT		
		INT EXT		
		INT EXT		
		INT EXT		
		INT EXT		
		INT EXT		
		INT EXT		
		INT EXT		
		INT EXT		
		INT EXT		
		INT EXT		
		INT EXT		
		INT EXT		
		INT EXT		
		INT EXT		
		INT EXT		

Production Title: **Date:**

Producer: **Director:**

Writer: **Location:**

Scene	Shot		Description	Notes
		INT EXT		
		INT EXT		
		INT EXT		
		INT EXT		
		INT EXT		
		INT EXT		
		INT EXT		
		INT EXT		
		INT EXT		
		INT EXT		
		INT EXT		
		INT EXT		
		INT EXT		
		INT EXT		

Production Title: **Date:**

Producer: **Director:**

Writer: **Location:**

Scene	Shot		Description	Notes
		INT EXT		
		INT EXT		
		INT EXT		
		INT EXT		
		INT EXT		
		INT EXT		
		INT EXT		
		INT EXT		
		INT EXT		
		INT EXT		
		INT EXT		
		INT EXT		
		INT EXT		
		INT EXT		
		INT EXT		
		INT EXT		

Production Title: **Date:**

Producer: **Director:**

Writer: **Location:**

Scene	Shot		Description	Notes
		INT EXT		
		INT EXT		
		INT EXT		
		INT EXT		
		INT EXT		
		INT EXT		
		INT EXT		
		INT EXT		
		INT EXT		
		INT EXT		
		INT EXT		
		INT EXT		
		INT EXT		
		INT EXT		
		INT EXT		
		INT EXT		

Production Title:			Date:
Producer:			Director:
Writer:			Location:

Scene	Shot		Description	Notes
		INT EXT		
		INT EXT		
		INT EXT		
		INT EXT		
		INT EXT		
		INT EXT		
		INT EXT		
		INT EXT		
		INT EXT		
		INT EXT		
		INT EXT		
		INT EXT		
		INT EXT		
		INT EXT		
		INT EXT		
		INT EXT		

Production Title: **Date:**

Producer: **Director:**

Writer: **Location:**

Scene	Shot		Description	Notes
		INT EXT		
		INT EXT		
		INT EXT		
		INT EXT		
		INT EXT		
		INT EXT		
		INT EXT		
		INT EXT		
		INT EXT		
		INT EXT		
		INT EXT		
		INT EXT		
		INT EXT		
		INT EXT		
		INT EXT		

Production Title: **Date:**

Producer: **Director:**

Writer: **Location:**

Scene	Shot		Description	Notes
		INT EXT		
		INT EXT		
		INT EXT		
		INT EXT		
		INT EXT		
		INT EXT		
		INT EXT		
		INT EXT		
		INT EXT		
		INT EXT		
		INT EXT		
		INT EXT		
		INT EXT		
		INT EXT		

Production Title: **Date:**

Producer: **Director:**

Writer: **Location:**

Scene	Shot	Description		Notes
		INT EXT		
		INT EXT		
		INT EXT		
		INT EXT		
		INT EXT		
		INT EXT		
		INT EXT		
		INT EXT		
		INT EXT		
		INT EXT		
		INT EXT		
		INT EXT		
		INT EXT		
		INT EXT		

Production Title: **Date:**

Producer: **Director:**

Writer: **Location:**

Scene	Shot		Description	Notes
		INT EXT		
		INT EXT		
		INT EXT		
		INT EXT		
		INT EXT		
		INT EXT		
		INT EXT		
		INT EXT		
		INT EXT		
		INT EXT		
		INT EXT		
		INT EXT		
		INT EXT		
		INT EXT		
		INT EXT		
		INT EXT		

Production Title: **Date:**

Producer: **Director:**

Writer: **Location:**

Scene	Shot		Description	Notes
		INT EXT		
		INT EXT		
		INT EXT		
		INT EXT		
		INT EXT		
		INT EXT		
		INT EXT		
		INT EXT		
		INT EXT		
		INT EXT		
		INT EXT		
		INT EXT		
		INT EXT		
		INT EXT		
		INT EXT		

Production Title:

Date:

Producer:

Director:

Writer:

Location:

Scene	Shot		Description	Notes
		INT EXT		
		INT EXT		
		INT EXT		
		INT EXT		
		INT EXT		
		INT EXT		
		INT EXT		
		INT EXT		
		INT EXT		
		INT EXT		
		INT EXT		
		INT EXT		
		INT EXT		
		INT EXT		
		INT EXT		
		INT EXT		

Production Title: **Date:**

Producer: **Director:**

Writer: **Location:**

Scene	Shot		Description	Notes
		INT EXT		
		INT EXT		
		INT EXT		
		INT EXT		
		INT EXT		
		INT EXT		
		INT EXT		
		INT EXT		
		INT EXT		
		INT EXT		
		INT EXT		
		INT EXT		
		INT EXT		
		INT EXT		
		INT EXT		
		INT EXT		

Production Title:				Date:
Producer:				Director:
Writer:				Location:

Scene	Shot		Description	Notes
		INT EXT		
		INT EXT		
		INT EXT		
		INT EXT		
		INT EXT		
		INT EXT		
		INT EXT		
		INT EXT		
		INT EXT		
		INT EXT		
		INT EXT		
		INT EXT		
		INT EXT		
		INT EXT		
		INT EXT		
		INT EXT		

Production Title:

Date:

Producer:

Director:

Writer:

Location:

Scene	Shot		Description	Notes
		INT EXT		
		INT EXT		
		INT EXT		
		INT EXT		
		INT EXT		
		INT EXT		
		INT EXT		
		INT EXT		
		INT EXT		
		INT EXT		
		INT EXT		
		INT EXT		
		INT EXT		
		INT EXT		
		INT EXT		
		INT EXT		

Production Title: **Date:**

Producer: **Director:**

Writer: **Location:**

Scene	Shot		Description	Notes
		INT EXT		
		INT EXT		
		INT EXT		
		INT EXT		
		INT EXT		
		INT EXT		
		INT EXT		
		INT EXT		
		INT EXT		
		INT EXT		
		INT EXT		
		INT EXT		
		INT EXT		
		INT EXT		
		INT EXT		
		INT EXT		

Production Title: **Date:**

Producer: **Director:**

Writer: **Location:**

Scene	Shot		Description	Notes
		INT EXT		
		INT EXT		
		INT EXT		
		INT EXT		
		INT EXT		
		INT EXT		
		INT EXT		
		INT EXT		
		INT EXT		
		INT EXT		
		INT EXT		
		INT EXT		
		INT EXT		
		INT EXT		
		INT EXT		
		INT EXT		

Production Title: **Date:**

Producer: **Director:**

Writer: **Location:**

Scene	Shot		Description	Notes
		INT EXT		
		INT EXT		
		INT EXT		
		INT EXT		
		INT EXT		
		INT EXT		
		INT EXT		
		INT EXT		
		INT EXT		
		INT EXT		
		INT EXT		
		INT EXT		
		INT EXT		
		INT EXT		

Production Title: **Date:**

Producer: **Director:**

Writer: **Location:**

Scene	Shot		Description	Notes
		INT EXT		
		INT EXT		
		INT EXT		
		INT EXT		
		INT EXT		
		INT EXT		
		INT EXT		
		INT EXT		
		INT EXT		
		INT EXT		
		INT EXT		
		INT EXT		
		INT EXT		
		INT EXT		
		INT EXT		

Production Title: **Date:**

Producer: **Director:**

Writer: **Location:**

Scene	Shot		Description	Notes
		INT EXT		
		INT EXT		
		INT EXT		
		INT EXT		
		INT EXT		
		INT EXT		
		INT EXT		
		INT EXT		
		INT EXT		
		INT EXT		
		INT EXT		
		INT EXT		
		INT EXT		
		INT EXT		
		INT EXT		

Production Title: **Date:**

Producer: **Director:**

Writer: **Location:**

Scene	Shot		Description	Notes
		INT EXT		
		INT EXT		
		INT EXT		
		INT EXT		
		INT EXT		
		INT EXT		
		INT EXT		
		INT EXT		
		INT EXT		
		INT EXT		
		INT EXT		
		INT EXT		
		INT EXT		
		INT EXT		
		INT EXT		

Production Title: **Date:**

Producer: **Director:**

Writer: **Location:**

Scene	Shot		Description	Notes
		INT EXT		
		INT EXT		
		INT EXT		
		INT EXT		
		INT EXT		
		INT EXT		
		INT EXT		
		INT EXT		
		INT EXT		
		INT EXT		
		INT EXT		
		INT EXT		
		INT EXT		
		INT EXT		
		INT EXT		
		INT EXT		

Production Title: **Date:**

Producer: **Director:**

Writer: **Location:**

Scene	Shot	Description		Notes
		INT EXT		
		INT EXT		
		INT EXT		
		INT EXT		
		INT EXT		
		INT EXT		
		INT EXT		
		INT EXT		
		INT EXT		
		INT EXT		
		INT EXT		
		INT EXT		
		INT EXT		
		INT EXT		
		INT EXT		

Production Title: **Date:**

Producer: **Director:**

Writer: **Location:**

Scene	Shot		Description	Notes
		INT EXT		
		INT EXT		
		INT EXT		
		INT EXT		
		INT EXT		
		INT EXT		
		INT EXT		
		INT EXT		
		INT EXT		
		INT EXT		
		INT EXT		
		INT EXT		
		INT EXT		
		INT EXT		
		INT EXT		
		INT EXT		

Production Title: **Date:**

Producer: **Director:**

Writer: **Location:**

Scene	Shot		Description	Notes
		INT EXT		
		INT EXT		
		INT EXT		
		INT EXT		
		INT EXT		
		INT EXT		
		INT EXT		
		INT EXT		
		INT EXT		
		INT EXT		
		INT EXT		
		INT EXT		
		INT EXT		
		INT EXT		
		INT EXT		

Production Title:				Date:
Producer:			Director:	
Writer:			Location:	

Scene	Shot		Description	Notes
		INT EXT		
		INT EXT		
		INT EXT		
		INT EXT		
		INT EXT		
		INT EXT		
		INT EXT		
		INT EXT		
		INT EXT		
		INT EXT		
		INT EXT		
		INT EXT		
		INT EXT		
		INT EXT		
		INT EXT		
		INT EXT		

Production Title: **Date:**

Producer: **Director:**

Writer: **Location:**

Scene	Shot		Description	Notes
		INT EXT		
		INT EXT		
		INT EXT		
		INT EXT		
		INT EXT		
		INT EXT		
		INT EXT		
		INT EXT		
		INT EXT		
		INT EXT		
		INT EXT		
		INT EXT		
		INT EXT		
		INT EXT		
		INT EXT		
		INT EXT		

Production Title:				Date:
Producer:				Director:
Writer:				Location:

Scene	Shot		Description	Notes
		INT EXT		
		INT EXT		
		INT EXT		
		INT EXT		
		INT EXT		
		INT EXT		
		INT EXT		
		INT EXT		
		INT EXT		
		INT EXT		
		INT EXT		
		INT EXT		
		INT EXT		
		INT EXT		
		INT EXT		
		INT EXT		

Production Title: **Date:**

Producer: **Director:**

Writer: **Location:**

Scene	Shot		Description	Notes
		INT EXT		
		INT EXT		
		INT EXT		
		INT EXT		
		INT EXT		
		INT EXT		
		INT EXT		
		INT EXT		
		INT EXT		
		INT EXT		
		INT EXT		
		INT EXT		
		INT EXT		
		INT EXT		
		INT EXT		
		INT EXT		

Production Title: **Date:**

Producer: **Director:**

Writer: **Location:**

Scene	Shot		Description	Notes
		INT EXT		
		INT EXT		
		INT EXT		
		INT EXT		
		INT EXT		
		INT EXT		
		INT EXT		
		INT EXT		
		INT EXT		
		INT EXT		
		INT EXT		
		INT EXT		
		INT EXT		
		INT EXT		
		INT EXT		
		INT EXT		

Production Title: **Date:**

Producer: **Director:**

Writer: **Location:**

Scene	Shot		Description	Notes
		INT EXT		
		INT EXT		
		INT EXT		
		INT EXT		
		INT EXT		
		INT EXT		
		INT EXT		
		INT EXT		
		INT EXT		
		INT EXT		
		INT EXT		
		INT EXT		
		INT EXT		
		INT EXT		
		INT EXT		

Production Title:					Date:
Producer:				Director:	
Writer:				Location:	

Scene	Shot		Description	Notes
		INT EXT		
		INT EXT		
		INT EXT		
		INT EXT		
		INT EXT		
		INT EXT		
		INT EXT		
		INT EXT		
		INT EXT		
		INT EXT		
		INT EXT		
		INT EXT		
		INT EXT		
		INT EXT		
		INT EXT		
		INT EXT		

Production Title: **Date:**

Producer: **Director:**

Writer: **Location:**

Scene	Shot		Description	Notes
		INT EXT		
		INT EXT		
		INT EXT		
		INT EXT		
		INT EXT		
		INT EXT		
		INT EXT		
		INT EXT		
		INT EXT		
		INT EXT		
		INT EXT		
		INT EXT		
		INT EXT		
		INT EXT		

Production Title: **Date:**

Producer: **Director:**

Writer: **Location:**

Scene	Shot		Description	Notes
		INT EXT		
		INT EXT		
		INT EXT		
		INT EXT		
		INT EXT		
		INT EXT		
		INT EXT		
		INT EXT		
		INT EXT		
		INT EXT		
		INT EXT		
		INT EXT		
		INT EXT		
		INT EXT		
		INT EXT		
		INT EXT		

Production Title: **Date:**

Producer: **Director:**

Writer: **Location:**

Scene	Shot		Description	Notes
		INT EXT		
		INT EXT		
		INT EXT		
		INT EXT		
		INT EXT		
		INT EXT		
		INT EXT		
		INT EXT		
		INT EXT		
		INT EXT		
		INT EXT		
		INT EXT		
		INT EXT		
		INT EXT		
		INT EXT		
		INT EXT		

Production Title: **Date:**

Producer: **Director:**

Writer: **Location:**

Scene	Shot		Description	Notes
		INT EXT		
		INT EXT		
		INT EXT		
		INT EXT		
		INT EXT		
		INT EXT		
		INT EXT		
		INT EXT		
		INT EXT		
		INT EXT		
		INT EXT		
		INT EXT		
		INT EXT		
		INT EXT		
		INT EXT		
		INT EXT		

Production Title: **Date:**

Producer: **Director:**

Writer: **Location:**

Scene	Shot		Description	Notes
		INT EXT		
		INT EXT		
		INT EXT		
		INT EXT		
		INT EXT		
		INT EXT		
		INT EXT		
		INT EXT		
		INT EXT		
		INT EXT		
		INT EXT		
		INT EXT		
		INT EXT		
		INT EXT		
		INT EXT		
		INT EXT		

Production Title:		Date:
Producer:		Director:
Writer:		Location:

Scene	Shot		Description	Notes
		INT EXT		
		INT EXT		
		INT EXT		
		INT EXT		
		INT EXT		
		INT EXT		
		INT EXT		
		INT EXT		
		INT EXT		
		INT EXT		
		INT EXT		
		INT EXT		
		INT EXT		
		INT EXT		
		INT EXT		
		INT EXT		

Production Title: **Date:**

Producer: **Director:**

Writer: **Location:**

Scene	Shot		Description	Notes
		INT EXT		
		INT EXT		
		INT EXT		
		INT EXT		
		INT EXT		
		INT EXT		
		INT EXT		
		INT EXT		
		INT EXT		
		INT EXT		
		INT EXT		
		INT EXT		
		INT EXT		
		INT EXT		

Production Title: **Date:**

Producer: **Director:**

Writer: **Location:**

Scene	Shot		Description	Notes
		INT EXT		
		INT EXT		
		INT EXT		
		INT EXT		
		INT EXT		
		INT EXT		
		INT EXT		
		INT EXT		
		INT EXT		
		INT EXT		
		INT EXT		
		INT EXT		
		INT EXT		
		INT EXT		
		INT EXT		
		INT EXT		

Production Title: **Date:**

Producer: **Director:**

Writer: **Location:**

Scene	Shot		Description	Notes
		INT EXT		
		INT EXT		
		INT EXT		
		INT EXT		
		INT EXT		
		INT EXT		
		INT EXT		
		INT EXT		
		INT EXT		
		INT EXT		
		INT EXT		
		INT EXT		
		INT EXT		
		INT EXT		
		INT EXT		

Production Title: **Date:**

Producer: **Director:**

Writer: **Location:**

Scene	Shot		Description	Notes
		INT EXT		
		INT EXT		
		INT EXT		
		INT EXT		
		INT EXT		
		INT EXT		
		INT EXT		
		INT EXT		
		INT EXT		
		INT EXT		
		INT EXT		
		INT EXT		
		INT EXT		
		INT EXT		

Production Title: **Date:**

Producer: **Director:**

Writer: **Location:**

Scene	Shot		Description	Notes
		INT EXT		
		INT EXT		
		INT EXT		
		INT EXT		
		INT EXT		
		INT EXT		
		INT EXT		
		INT EXT		
		INT EXT		
		INT EXT		
		INT EXT		
		INT EXT		
		INT EXT		
		INT EXT		
		INT EXT		

Production Title: **Date:**

Producer: **Director:**

Writer: **Location:**

Scene	Shot		Description	Notes
		INT EXT		
		INT EXT		
		INT EXT		
		INT EXT		
		INT EXT		
		INT EXT		
		INT EXT		
		INT EXT		
		INT EXT		
		INT EXT		
		INT EXT		
		INT EXT		
		INT EXT		
		INT EXT		

Production Title: **Date:**

Producer: **Director:**

Writer: **Location:**

Scene	Shot		Description	Notes
		INT EXT		
		INT EXT		
		INT EXT		
		INT EXT		
		INT EXT		
		INT EXT		
		INT EXT		
		INT EXT		
		INT EXT		
		INT EXT		
		INT EXT		
		INT EXT		
		INT EXT		
		INT EXT		
		INT EXT		
		INT EXT		

Production Title: **Date:**

Producer: **Director:**

Writer: **Location:**

Scene	Shot		Description	Notes
		INT EXT		
		INT EXT		
		INT EXT		
		INT EXT		
		INT EXT		
		INT EXT		
		INT EXT		
		INT EXT		
		INT EXT		
		INT EXT		
		INT EXT		
		INT EXT		
		INT EXT		
		INT EXT		
		INT EXT		
		INT EXT		

Production Title: **Date:**

Producer: **Director:**

Writer: **Location:**

Scene	Shot		Description	Notes
		INT EXT		
		INT EXT		
		INT EXT		
		INT EXT		
		INT EXT		
		INT EXT		
		INT EXT		
		INT EXT		
		INT EXT		
		INT EXT		
		INT EXT		
		INT EXT		
		INT EXT		
		INT EXT		

Production Title:				Date:
Producer:			Director:	
Writer:			Location:	

Scene	Shot		Description	Notes
		INT EXT		
		INT EXT		
		INT EXT		
		INT EXT		
		INT EXT		
		INT EXT		
		INT EXT		
		INT EXT		
		INT EXT		
		INT EXT		
		INT EXT		
		INT EXT		
		INT EXT		
		INT EXT		
		INT EXT		
		INT EXT		

Production Title: **Date:**

Producer: **Director:**

Writer: **Location:**

Scene	Shot		Description	Notes
		INT EXT		
		INT EXT		
		INT EXT		
		INT EXT		
		INT EXT		
		INT EXT		
		INT EXT		
		INT EXT		
		INT EXT		
		INT EXT		
		INT EXT		
		INT EXT		
		INT EXT		
		INT EXT		
		INT EXT		

Production Title:				Date:
Producer:			Director:	
Writer:			Location:	

Scene	Shot		Description	Notes
		INT EXT		
		INT EXT		
		INT EXT		
		INT EXT		
		INT EXT		
		INT EXT		
		INT EXT		
		INT EXT		
		INT EXT		
		INT EXT		
		INT EXT		
		INT EXT		
		INT EXT		
		INT EXT		
		INT EXT		
		INT EXT		

Production Title: **Date:**

Producer: **Director:**

Writer: **Location:**

Scene	Shot		Description	Notes
		INT EXT		
		INT EXT		
		INT EXT		
		INT EXT		
		INT EXT		
		INT EXT		
		INT EXT		
		INT EXT		
		INT EXT		
		INT EXT		
		INT EXT		
		INT EXT		
		INT EXT		
		INT EXT		

Production Title:				Date:	
Producer:				Director:	
Writer:				Location:	

Scene	Shot		Description	Notes
		INT EXT		
		INT EXT		
		INT EXT		
		INT EXT		
		INT EXT		
		INT EXT		
		INT EXT		
		INT EXT		
		INT EXT		
		INT EXT		
		INT EXT		
		INT EXT		
		INT EXT		
		INT EXT		
		INT EXT		
		INT EXT		

Production Title: **Date:**

Producer: **Director:**

Writer: **Location:**

Scene	Shot		Description	Notes
		INT EXT		
		INT EXT		
		INT EXT		
		INT EXT		
		INT EXT		
		INT EXT		
		INT EXT		
		INT EXT		
		INT EXT		
		INT EXT		
		INT EXT		
		INT EXT		
		INT EXT		
		INT EXT		
		INT EXT		
		INT EXT		

Crawford House Publishing
201 Shaft Street
Glace Bay, Cape Breton Island, Nova Scotia
CANADA B1A 5Y9

For a complete list of books by the author, including Personalized journals and children's journals, visit:
www.kenncrawford.com/books

Ordering Information:
To order a personalized journal with a name not currently listed in our catalog, send an email to:
publisher@kenncrawford.com

Please include "Name Request" in the subject line, and the name you would like in the body of the email. Thank you.

Made in Cape Breton | Canada